TEM ESPÍRITOS no banheiro?

Tatiana Benites

Uma visão bem-humorada do espiritismo

© 2010 Tatiana Pacheco Benites

Editora Correio Jovem
Av. Humberto de Alencar Castelo Branco, 2955
CEP 09851-000 – São Bernardo do Campo – SP
Telefone: 11 4109-2939
correiojovem@correiojovem.com.br
www.correiofraterno.com.br

Vinculada ao  www.laremmanuel.org.br

2ª edição – 1ª reimpressão – Março de 2016
Do 4.001º ao 6.500º exemplar

A reprodução parcial ou total desta obra, por qualquer meio,
somente será permitida com a autorização por escrito da editora.
(Lei nº 9.610 de 19.02.1998)

Impresso no Brasil
Presita en Brazilo – Printed in Brazil

COORDENAÇÃO EDITORIAL
Cristian Fernandes

REVISÃO
Eliana Ferrer Haddad

CAPA E ILUSTRAÇÕES
Hamilton Dertonio

PROJETO GRÁFICO DE MIOLO
Bruno Tonel

CATALOGAÇÃO ELABORADA NA EDITORA

Benites, Tatiana Pacheco, 1979-
    Tem espíritos no banheiro? / Tatiana Benites. – 2ª ed.,
1ª reimp. – São Bernardo do Campo, SP : Correio Jovem, 2016.
    112 p.

    ISBN 978-85-98563-57-2

1. Espiritismo. 2. Mediunidade. 3. Psicografia. 4. Psicopictografia.
5. Allan Kardec. 6. Chico Xavier. I. Título.

CDD 133.93

"A maior de todas as artes é aquela que nos leva a realizar a felicidade no espírito, pois essa felicidade dá força e intensidade a toda nossa vida, tem o dom de propagar-se aos que amamos e iluminar quem caminha ao nosso lado."

Celso Pedrosi Filho

Dedico este livro a todos os espíritos que conseguem sorrir ao ver a natureza, rir quando está com uma criança e se sentir feliz com a felicidade alheia.

Dedico também àqueles que não podem fazê-lo, porque tenho esperança de fazer nascer o sorriso no mais triste dos seres, pois creio que não há dia na vida que não tenhamos muitos motivos para dar ao menos um sorriso apertado no canto dos lábios.

Sumário

Prefácio 13
Apresentação 17
Quem é Laurinha? 21
A potência da Fórmula 1 25
"Espiritografia" ou "mediungrafia"?..............29
Meu pai ou meu irmão?..............................33
As batidas na carteira.................................37
Tem espíritos no banheiro? 41
De olhos fechados e mão na cabeça..............45
Mediunidade longe do dinheiro....................49
Os 10 MANDAmentos................................53
Uma lista de coisas boas..............................57
O engano de Jesus......................................61

1x1 no placar..65
Um brinquedo de Natal 69
O e-mail do meu mentor 73
Tem gente que lê pensamento 77
Pagar o mal com OBEM................................81
A parábola do papagaio................................85
"Pitsografia"..89
A fila...93
A pose do bom velhinho...............................97
Os seguidores 101
Desastres naturais 105
Vulto? O quê?...109

Prefácio

Fico feliz por ver este livro chegar a público. Uma coletânea de histórias divertidas que, para os não avisados, beira a ousadia editorial. Tudo por conta da personagem que, ao ganhar vida, veste o papel da educanda ideal que, estimulada a interagir com liberdade de expressão, faz suas associações assimilando, a seu modo, o que lhe é falado sobre os princípios da doutrina espírita. Daí a graça genuína da interpretação do mundo infantil para os assuntos sérios dos adultos, aquela simplicidade e objetividade que muitas vezes precisamos resgatar dentro de nós.

As histórias de Laurinha foram publicadas nas edições do jornal *Correio Fraterno* nos últimos três anos, período em que foram recebidos inúmeros pedidos de autorização para que elas pudessem também ser reproduzidas em outros órgãos de divulgação, prova de que a alegria, o bom humor e a espontaneidade combinam com a multiplicação do conhecimento da cultura espírita, demonstrando o quanto é proveitosa no aprendizado a participação individual, atenta e livre, através de propostas, dúvidas e questionamentos afins, quebrando-se paradigmas, ao se mostrar que é possível a superação da rigidez, sem se perder a seriedade do conteúdo a ser trabalhado.

Essa fórmula, nem sempre tão fácil de ser praticada, tanto para quem educa como para quem é educado, Laurinha inaugura com toda sua esperteza de forma simpática, eficiente e audaciosa. Criança, pergunta sem medos, sugere sem restrições. E, na confusão que faz parte do próprio processo de conhecimento, fica feliz e quer saber cada vez mais – porque realmente aprende.

Allan Kardec mesmo é quem diz que uma das forças preponderantes do espiritismo está no fato de ele tornar felizes os que o conhecem, o compreendem e o praticam. E Laurinha desvenda em suas pequenas-grandes histórias a alegria dessa descoberta.

Como não pode haver felicidade sem liberdade de expressão, e muito menos com a simples repetição de preceitos dogmáticos, com excesso de purismo, aqui se encontra *Tem espíritos no banheiro?*, para os jovens, as crianças e os que procuram a graça genuína do mundo infantil em seu interior.

Izabel Vitusso
Jornalista e editora do jornal *Correio Fraterno*

Apresentação

Todo o meu envolvimento com jovens e crianças começou quando eu tinha apenas 15 anos. Foi quando comecei a trabalhar como palhaça em festas infantis, com brincadeiras, pinturas faciais, esculturas em balões e música. Era uma atividade que eu adorava, tanto que a realizei por dez anos.

Por conhecer esse meu trabalho, certa vez uma pessoa do centro espírita pediu para que eu fosse entreter as crianças com brincadeiras logo depois das aulas de educação espírita. Resolvi ir, mas não passou muito tempo, a educadora se afastou por problemas particulares, tendo de ser substituída.

Mas quem a substituiria? Na falta de outra voluntária, recebi a "intimação". Claro que pensei que aquilo não iria dar certo, porque eu sabia divertir crianças e não educar. Foi então que conheci uma senhora muito amável, que além do conhecimento espírita, era uma sábia e nata educadora: a dona Albertina Garcia, carinhosamente conhecida como Betina. Foi ela quem me fez entender que educar deve ser uma ação, antes de mais nada, recheada de alegria e motivação!

Teatro, música, dança, jogos de cartas personalizadas, roleta, vídeos, caminhos com obstáculos e muitas outras atividades eram bem-vindas nas salas de aula. Enquanto nos divertíamos, juntos aprendíamos sempre mais sobre o espiritismo.

Quando minha turma cresceu um pouco, criamos um jornalzinho que funcionou como uma grande motivação para que os alunos pesquisassem temas diferentes e mais sobre o que haviam aprendido.

Eu permanecia motivada, mas o desafio crescia a cada dia. Estudava a doutrina, me aprimorava em técnicas, frequentava palestras, cursos de evangelização infantil e também de comunicação. E foi em um desses encontros de profissionais da comunicação espírita que conheci a editora do jornal espírita *Correio Fraterno*, por quem fui convidada a escrever.

Agradeci o convite, e ainda não havia escrito nada, quando recebi um novo convite, dessa vez para participar o Congresso de Pedagogia Espírita, em Santos. Ela me oferecia hospedagem, carona e tudo o mais. E eu fui!

Durante toda a viagem, ela me incentivou por diversas vezes para que eu escrevesse textos para publicação. Embora eu tivesse formação na área de comunicação social, eu não conseguia me ver escrevendo para um periódico, ainda mais para um jornal espírita de tradição.

Mas certo dia, dei o OK. Resolvi escrever baseando-me em minha vivência com as crianças, em seus comentários, dúvidas, e também em meus questionamentos e de outras pessoas. Assim nasceram as histórias de Laurinha, criança astuta que já fazia parte da minha vida, porque todo mundo tem uma Laurinha dentro de si, que deseja fazer perguntas, muitas perguntas, se expor, criticar, e nem sempre tem coragem. Ainda mais fazendo parte do mundo dos adultos.

O fato de serem histórias de humor não significa que os assuntos abordados tenham pouca importância ou profundidade. Demonstram que podemos estudar Kardec, os fundamentos do espiritismo sem perder a alegria e o bom humor.

Espero que gostem da Laurinha, das histórias e de todas as confusões que ela faz. Divirtam-se!

TATIANA BENITES

Quem é Laurinha?

Laurinha é uma menina de oito anos, pele morena clara e cabelos lisos e bem pretos. Tem uma origem indígena que foi mesclada ao longo de seus antepassados. É uma criança esperta, bem-humorada e que gosta muito de tudo que diz respeito a sua idade (brincadeiras, jogos, videogames, computador etc.).

Os pais de Laurinha são espíritas e frequentadores de um centro espírita perto de sua casa. Assim que puderam, inscreveram a filha no curso de Evangelização Infantil, como era conhecido na época. A filha aprende muito no centro espírita, além de ter novas amizades e um conceito de vida e fé diferenciados para uma criança da sua idade que cultua uma religião.

Laurinha é uma criança curiosa que não poupa esforços nem palavras para compreender o que estão lhe ensinando, por isso questiona tanto a professora do centro espírita e seus pais. Como toda criança, Laurinha tem sua própria compreensão da realidade, junta as palavras, confunde as coisas e acaba fazendo uma grande confusão.

A POTÊNCIA DA FÓRMULA 1

Na escola, Laurinha e seus amigos têm uma aula sobre Deus. Sua professora explica sobre Ele e tira as dúvidas da turminha.

– Deus é a maior força que já pôde existir; foi Ele quem criou todo o universo, criou nosso planeta Terra e tudo o que tem nele.

– Até as coisas ruins, professora? – perguntou Pedro.

– Deus criou tudo, mas o homem pôde modificar, por isso muitas coisas se transformaram em ruins – respondeu a professora.

– Mas Ele também não é um homem? – inquiriu Ana.

– Não, Deus é uma força muito maior que o homem, de uma luminosidade sem tamanho que não podemos comparar a nada que conhecemos. Ele é onipotente, pode tudo é o todo poderoso; onipresente, está em toda parte e onisciente, sabe tudo. Ele sabe tudo que acontece na Terra sobre cada um de nós.

– Poxa! Como ele pode ser todas essas palavras difíceis? – pensou alto Laurinha.

A professora ainda explicou mais um pouco e pediu para as crianças trazerem na próxima aula algo que representasse Deus, incentivando a usarem a imaginação.

Laurinha foi para casa pensativa, juntou seu material e começou a pensar no que fazer:

– Como eu vou falar de Deus se ele é tudo! Como eu vou fazer um trabalho sobre ele se eu nem sei como ele é e nem sei aquelas palavras difíceis...

Arrumou algumas coisas, desenhou, colou e encerrou a atividade.

No dia seguinte, cada aluno apresentou seu trabalho à professora e aos demais colegas de classe.

Laurinha colocou sobre a mesa: uma caixa de presente e um carrinho de corrida de Fórmula 1. Todos olharam para ela sem entender nada e ela começou a explicação:

– Professora, é muito simples. – Levantando a caixa de presentes, disse: – Deus é sempre presente. – Levantou o carrinho de Fórmula 1 e disse: – Deus é muito potente.

Como não tinha mais nada na mesa a professora perguntou:

– E...?

– E a senhora pode ficar tranquila que Ele está ciente de tudo isso.

A professora olhou a aluna e a parabenizou pela criatividade. Ao sair da sala a educadora pensou:

– Criança tem um jeito tão simples de entender as coisas, os adultos que complicam!

"ESPIRITOGRAFIA" OU "MEDIUNGRAFIA"?

Na casa espírita,[1] uma roda de amigos se forma e começa a conversar:

— Esse ano, vamos estudar *O livro dos espíritos*[2] — disse Ana, com o livro na mão.

— Será que tem histórias de espíritos lá? — perguntou Caíque.

— Não! Acho que eles explicam como é o mundo dos espíritos — Guilherme responde.

— A professora disse que tem um montão de perguntas e respostas e que vamos aprender bastante! — Laurinha explica.

Começaram a folhear o livro e ver quantas

[1] Casa espírita é o mesmo que centro espírita. Lugar onde ouvimos palestras, estudamos o espiritismo, recebemos passe e assistência espiritual.

[2] *O livro dos espíritos* é o primeiro livro de Allan Kardec, onde se encontram os princípios fundamentais da doutrina espírita.

perguntas eles achavam. Chegaram ao final do livro e viram o número da última pergunta: 1019.

— Nossa, é muita coisa para estudar esse ano! — reclamou Caíque.

E Guilherme completa:

— E ainda tem uma parte de Conclusão no final com várias páginas!

— Quem será que sabia tudo isso? Quem escreveu esse livro?

Olharam a capa e leram o nome: Allan Kardec.[3]

— É o mesmo do outro livro... — Caíque fica pensativo, tentando lembrar o nome, quando Ana lembra:

— *O evangelho segundo o espiritismo*, que lemos todo início de aula.

Guilherme olha para Laurinha e pergunta:

— Ele escreve livros difíceis, não é? Deve ser muito inteligente!

— Na verdade, ele escreveu com a ajuda dos espíritos, não fez tudo sozinho. Foi um instrumento para divulgar o espiritismo.

Então, Caíque fala empolgado:

— Ah! Ele escrevia o que era falado pelos espíritos, igual aquele homem aqui do Brasil que apoiava a mão na testa e escrevia!

— O Chico Xavier!!! — responderam juntos Guilherme e Ana.

— Esse mesmo.

E Guilherme diz com autoridade como se fosse dar uma aula:

---

[3] Allan Kardec é o pseudônimo do codificador da doutrina espírita.

– Caíque, quando a pessoa escreve apoiando o braço na mesa e segurando a testa chama-se "espiritografia".

Laurinha deu uma risadinha e quando ia explicar, Guilherme tentou consertar dizendo:

– Não! Desculpe é "mediungrafia", porque...

Laurinha interrompeu e falou:

– O nome é psicografia!!![4]

– Ah! É mesmo – responderam os dois, dando risada, enquanto Guilherme ficava vermelho.

Ana concordou em, pelo menos, uma coisa:

– Até que "espiritografia" ia ser um nome mais fácil de guardar!

Pois foi dando muita risada que a turma iniciou a primeira aula com o novo livro.

[4] Psicografia é a escrita dos espíritos pela mão de um médium (por exemplo, cartas psicografadas). O espírito pode transmitir suas ideias diretamente ao médium ou se utilizar da mão do médium para escrever.

Meu pai ou meu irmão?

As crianças conversavam animadamente, quando Felipe falou:
— Na minha casa tem um quadro com a foto de Deus.
— Foto de Deus? Como ele é? – disse Guilherme.
— Normal.
— Normal como? – indagou Estela.
— Normal é normal.
— Mas Deus não tem forma! – expôs Lucas.
— Tem sim. Ele tem cabelo comprido, barba e usa um vestidão branco comprido – explicou Felipe.
— Esse daí não é Deus, é Jesus – quis explicar Laurinha.

Felipe olhou para o céu, pensou, pensou e ficou na dúvida. Olhou bem para o rosto de sua amiga e disse:

— Você tem certeza?

— Claro! Deus não possui uma forma específica. Jesus foi um homem como nós, por isso que ouvimos a professora falar que "é nosso melhor exemplo de homem na Terra", é filho de Deus como nós, é nosso irmão. Esse do quadro só pode ser Jesus!

Felipe, meio constrangido com a confusão, baixou a cabeça e, de repente, explodiu:

— E agora? O que eu faço?!

— Calma! Não precisa gritar! — voltou Guilherme, sem entender a atitude do amigo.

— Sempre que eu faço uma oração, olhando para o quadro, eu o chamo de PAI, mas ele é meu IRMÃO!!! E agora?

Os meninos deram risada, mas não ousaram zombar do amigo, quando Laurinha falou:

— Eu acho que ele já se acostumou com essa confusão.

Felipe mais uma vez parou pensativo e por fim chegou à conclusão:

— Pensando bem, eu gostei mais de saber que ele é nosso irmão!

— Por quê?

— Assim eu tenho dois pais e um irmão mais velho!

Contente, ele pegou suas coisas rapidamente e saiu correndo. Os amigos não entenderam tal atitude e gritaram:

– Para onde você vai?

– Já que ele é irmão mesmo, vou pedir um favorzinho!

As batidas na carteira

As crianças foram passar as férias no sítio da vovó.

Vovó sempre disposta a encantar as crianças com suas histórias, reúne todos os netos na sala, munidos de muita pipoca e suco. Antes de começar a contar a história, Pedrinho pergunta:

– Vovó, conte histórias de espíritos!

Sabendo do receio de Aninha sobre o assunto, vovó então aproveitou e disse:

– Vou contar a história de duas menininhas que descobriram a existência dos espíritos...

Era uma vez Margareth e Caterine, que se mudaram com seus pais para uma cidade nos Estados Unidos, chamada Hydesville.

Na nova casa, elas passaram a ouvir barulhos de batidas e arranhaduras à noite. Um dia, os sons aumentaram e, apesar do medo, Caterine resolveu desafiar o mistério. A menina batia palmas e a resposta vinha com batidas na parede.

– Ah! Vovó, era o vizinho! – falou Aninha com um ar aliviado.

– Não, Aninha. Não havia mais ninguém por lá. Assim, os adultos resolveram investigar a história das meninas e viram que elas estavam se comunicando com espíritos através de palmas e pancadas. As pessoas faziam perguntas e eles respondiam com batidas formando letras do alfabeto.

– Devia demorar para formar uma frase, então – disse Pedrinho.

– Demorava muito, porque cada número de batida era uma letra! Foi assim que as pessoas começaram a acreditar em espíritos.

Pedrinho pensou, pensou e resolveu fazer a pergunta:

– Vovó, bem que em vez do Paulo ficar batendo na minha carteira para pedir cola na prova de matemática, um espírito podia me ajudar, dando as batidas dos resultados! Ao menos eu só ia contar as pancadas e colocar o número, porque letra é mais complicado de entender!

Antes que ela ficasse brava, Pedrinho disse:

– Calma, vovó, para prova de português eu arrumo outro método!

Tem espíritos no banheiro?

A aula havia acabado e todos os alunos saíam da sala. Quando a professora estava se retirando da sala, viu que Laurinha continuava pensativa, sentada na cadeira.

– Vamos, Laurinha! A aula já terminou. Você não vai se levantar?

Laurinha, meio sem jeito, disse:

– Eu sei que o sinal já bateu, mas vou continuar pensando um pouco.

– Mas o que aconteceu para você ficar pensando?

– Eu estou aprendendo muita coisa ao mesmo tempo e acho que tenho que organizar as minhas ideias, porque as coisas estão começando a ficar confusas.

A professora olhou para Laurinha num tom preocupado e pensou: "O que será que está acontecendo de tão grave para uma menina de oito anos ficar tão pensativa?"

– Eu posso te ajudar em alguma coisa? O que te aflige?

– Muitas coisas, muitas coisas... – respondeu colocando a cabeça entre as mãos.

– Mas minha garotinha, você é muito nova para ficar assim tão preocupada!

Laurinha levantou a cabeça, olhou para professora e perguntou:

– Os espíritos estão por toda parte?

– Estão sim, por quê?

– Eles estão aqui na escola e em casa vendo o que fazemos?

– Sim.

– Ai, ai, ai.

– O que aconteceu, Laurinha?

– Estive pensando... Então eles me veem tomando banho!!!???

– Ah! É essa sua preocupação?

– Claro! Eu tenho vergonha! E ontem minha mãe disse para eu não esquecer de lavar minhas orelhas. Mas eu nem tomei banho direito... Porque achei os brinquedos para brincar na água, que minha mãe já tinha escondido, e fiquei brincando de novo no banheiro. Quer dizer que, além de algum espírito me ver tomando banho, ainda pode contar tudo para minha mãe?

A professora segurou o riso, achando graça das conclusões da menina e disse:

– Não se preocupe, Laurinha. Os espíritos que podem entrar em nossa casa não estão preocupados em nos ver despidos! E sabe o que mais? Ainda é tempo. Vamos lavar as orelhas agora mesmo... Quem sabe algum espírito também vai ver você fazer a coisa certa.

– É mesmo, não tinha pensado nisso!

Laurinha deu um sorriso e saiu correndo enquanto a professora gritava:

– E nada de brincadeiras no banho! Agora tem que lavar tudo direitinho!

De olhos fechados e mão na cabeça

Algumas crianças conversavam, quando Pedro perguntou:
— Mas o que é passe?[5]
— Eu não sei, só sei que tem que fechar o olho quando senta na cadeira – respondeu Laurinha.
— Por quê? – indagou Cristina.
— Sei lá, quando a gente entra na sala, a mulher fala para fechar o olho.
— Eu já fiquei de olho aberto – disse Ana.
E os outros perguntaram juntos:
— E aí?
— O que acontece? – interroga Pedro curioso.

[5] Passe é a transmissão de energia através do médium, para outra pessoa.

– Nada! Tem um monte de gente na sala; uns sentados e outros em pé. As pessoas que estão em pé ficam na frente de quem está sentado.

– Fazendo o quê? – quis saber Cristina.

– Mexem a mão e colocam a mão na sua cabeça.

– Eu nunca senti nada! – disse Laurinha.

– Eu não vou nesse negócio! – falou Cristina com medo.

– Elas não encostam na nossa cabeça, só ficam com a mão em cima e falam baixinho coisas que não dá pra entender.

– Acho que eles estão rezando! – Laurinha completou.

– Acho que é.

– Por que a gente tem que ficar de olho fechado? – Cristina pergunta.

– Pra não ver que eles estão com a mão na nossa cabeça!

– Não! É porque lá tem espíritos que estão passando energia – explica Laurinha.

– Mas a gente não vê os espíritos! Eu não vi nenhum! – respondeu Ana.

– E por que será que eles ficam com a mão na nossa cabeça?

– Acho que é pra gente não fugir, se abrir o olho! E se fizermos isso, acho que eles seguram a gente pela cabeça!

As crianças riram muito imaginando como seria a cena!!!

Mediunidade longe do dinheiro

As crianças se reuniram na casa de Laurinha para fazer trabalho de escola.

– Na semana passada, meu primo sonhou que acontecia um acidente com o meu tio. Ele acordou superassustado e contou para minha tia. E ontem meu tio bateu o carro e agora está no hospital – comentou Romeu, puxando assunto com a turma.

– Isso é sonho com premonição, não é?

– Acho que é sim – respondeu Laurinha.

– Minha irmã conhece uma mulher que faz premonições com baralho – emendou Lílian.

– Ah! Isso não é premonição, ela vê no baralho o que vai acontecer – disse Romeu, demonstrando esperteza.

– E quem disse que baralho sabe o que vai acontecer com a gente? – se espantou Lílian.

– É mentira! Não é o baralho que conta nada, é a mulher que tem vidência[6] – explicou Laurinha.

– Como assim?

– Ela consegue ver as informações no perispírito[7] da pessoa. Tudo o que ela fala está gravado em nós mesmos. Por isso ela acerta as coisas.

– Humm... Verdade!!! Ela acertou que a minha irmã era casada, tinha um filho e que pretendia comprar uma casa – disse Lílian pensativa.

– É porque sua irmã já tem essas informações com ela!

– Poxa! Não sabia disso! – suspirou Romeu espantado. – Quanto que essa mulher cobra pra ver a sorte?

– Ela cobra??? – Laurinha perguntou com um grito.

– Acho que cobra uns cem reais.

– Coitada!...

– Por que coitada? Deve ganhar uma grana preta – completou Romeu, saltando os olhos.

– Coitada, porque não se deve cobrar pra trabalhar com a mediunidade.[8] Mais tarde ela vai se cobrar ou ser cobrada por isso!!!

Romeu ficou pensando e falou:

---

[6] Vidência é a possibilidade que alguns médiuns têm de ver os espíritos. São os médiuns videntes.

[7] Perispírito é o envoltório semimaterial do espírito, que nos encarnados serve de laço entre espírito e matéria.

[8] Mediunidade é a faculdade dos médiuns de se comunicar com os espíritos.

– Vixe! Já pensou se ela já tiver gasto todo o dinheiro quando chegar do outro lado? Vai ter que lavar os pratos do refeitório espiritual para pagar as dívidas!

Os 10 MANDAmentos

A professora explicava sobre os 10 mandamentos. Fez uma aula diferenciada com filme, exemplos e muita brincadeira. Quando terminaram as atividades, os alunos saíram da sala comentando sobre o que acabaram de aprender.

Pedrinho foi o primeiro a comentar:

– Eu consegui entender bastante sobre os 10 mandamentos.

– É verdade! A aula sobre os 10 mandamentos foi bem legal – respondeu seu amigo Marcos.

Flávia olhou para os dois e comentou:

– É, mas não lembro dos 10 mandamentos, só de alguns.

— Ah! É fácil! É só colocar o NÃO na frente e completar as frases com o que não pode fazer — Laurinha respondeu.

— Tem tanta coisa que as pessoas fazem errado que está nos 10 mandamentos, né? — completou Marcos.

— E nem precisava estar nos 10 mandamentos, todo mundo deveria saber que aquilo é errado e pronto — concluiu Pedrinho.

— Por que será que chama "10 mandamentos"? — interroga Marcos.

— Porque alguém está mandando você NÃO fazer alguma coisa! — retrucou Flávia meio apressada.

— É só lembrar do que é errado e não fazer — emendou Pedrinho.

Laurinha pensou, pensou e resolveu se abrir com os amigos:

— Lá em casa, minha mãe tem vários mandamentos.

— Por quê?

— Porque tudo tem o NÃO na frente: "NÃO coloque o pé aí. NÃO suje a cozinha. NÃO brinque antes de estudar. NÃO estude com a televisão ligada. NÃO coma no quarto. NÃO coma muito mostarda, que faz mal. NÃO jogue videogame agora, porque tem que dormir." — encenou Laurinha, imitando a voz de sua mãe.

As outras crianças começaram a dar risadinhas, e Flávia completou:

— Acho que na minha casa também tem os mesmos mandamentos!

E os meninos concordaram.

– Acho que agora eu sei por que se chama "mandamento"! – falou Laurinha.

– Por quê?

– Porque lá em casa minha mãe MANDA e eu aguento!!!

Uma lista de coisas boas

Laurinha terminava o dever de casa e pensava no que poderia fazer depois das tarefas, antes de dormir. Sua mãe checou os deveres e disse:
– Muito bem, filha, agora você já pode assistir à televisão.
– Sabe, mãe, eu não quero assistir agora.
– Por quê?
– Porque só passa coisa triste e ruim, tragédia, violência, trânsito e poluição. Não quero ver isso! Amanhã eu vejo desenho!
– Verdade filha! Essas coisas estão acontecendo todos os dias, por isso a televisão transmite para nós.

— Mas eu não gosto de ver. Gosto quando passa coisa boa e ultimamente quase não passa. Minha professora lá do centro disse que a gente tem que pedir para Deus coisas boas todos os dias para que as energias ruins possam ir embora.

— Isso mesmo, Laurinha, se cada um quisesse somente coisas boas e pedisse a Deus, talvez tivéssemos menos notícias ruins.

Laurinha pensou, pensou e resolveu fazer alguma coisa.

— Mãe, em vez de assistir à televisão, eu vou montar meu quebra-cabeça de mil peças com a Aninha. Posso chamá-la?

— Pode sim!

— Depois eu vou fazer uma listinha de coisas boas para pedir para Deus, tá?

Sua mãe sorriu e concordou.

Depois de montarem o quebra-cabeça, sua amiga Aninha foi embora e Laurinha foi fazer sua listinha e oração antes de dormir:

— Deus, muito obrigada por essa vida, que ela tenha mais coisas boas do que ruins e que o mundo seja assim também. Por isso, eu fiz uma listinha para o senhor pensar se não valem mais a pena essas coisas do que as que estão passando na televisão e acontecendo na vida das pessoas nesses dias: festa, desenho, bolo, brigadeiro, sorvete de chocolate, bastante brincadeira e torta de morango. Deus, o senhor não acha que tudo isso é coisa boa? Fala minha lista para o pessoal da televisão!

O engano de Jesus

— Mãe, lembra da Luzia, irmã da Sílvia?
— Lembro, filha.
— A Sílvia e eu estamos desconfiadas de que ela enganou Jesus direitinho.
— Como assim, Laurinha? Não pode falar desse jeito! Jesus nunca é enganado!
— Ah, mãe! Você não viu o que a Luzia aprontou e Jesus não fez nada. Ele viu tudo e ficou caladinho, depois só porque ela é pequena e faz cara de criança chorona, ele não fez nada.
— Laurinha, você não pode falar desse jeito de Jesus.
— Mãe, a gente aprende que não pode mentir e não pode enganar ninguém. Eu e a Sílvia

sabemos muito bem que a Luzia está só enganando os outros, mas já falei pra Sílvia contar tudo pra sua mãe, já que Jesus não faz nada.

— Laurinha! Mas que história mais estranha é essa! Desde quando você é na Terra a representante de Jesus?

Laurinha foi para o quarto, sentou-se em sua escrivaninha e ficou pensando. Pegou uns papéis, fez algumas anotações e não demorou sua mãe, intrigada voltou a tocar no assunto:

— Está mais tranquila agora?

— Sim. Pensei e fiz umas anotações.

— Que anotações?

— Eu anotei que a Luzia pegou todos os nossos brinquedos e jogou no jardim, mudou o penteado das nossas bonecas e rabiscou nossos desenhos. Quando Jesus viu, ela saiu correndo, sentou no sofá e falou que estava assistindo ao desenho. Quando dona Marta chegou, deu bronca na gente. Jesus não fez nada!

— Laurinha, Jesus tem mais o que fazer do que se preocupar com briga de criança, a Luzia só tem cinco anos! Eu achei que essa história já havia acabado.

— Está bem, mãe. Fale com a Sílvia aqui no telefone: Alô! Sílvia, minha mãe não está acreditando em mim. Fala com ela.

Laurinha passou o telefone para a mãe:

— Sílvia, tudo bem? Sua mãe está? Preciso conversar com ela. Você e Laurinha estão com muita imaginação. Precisam parar de envolver Jesus em tudo quanto é história.

– Mas é verdade, tia. Quer ver? Fala aqui com ele.

Ouve-se uma voz grossa, de homem do outro lado da linha.

– Alô!

– Quem está falando?

– É Jesus, o jardineiro!

1x1 NO PLACAR

Laurinha chega em casa toda animada e começa logo a contar para a mãe como foi seu dia no centro:

– Mãe, hoje nós estudamos sobre reencarnação.[9]

– Que bom, filha! O que você aprendeu?

– Aprendi que temos que ser pessoas boas para receber coisas boas nessa e na outra encarnação.

– Muito bem, é isso mesmo! – respondeu a mãe.

– Aprendi também que Deus não pune ninguém, que existe uma lei de ação e reação, que tudo o que a gente faz retorna para gente, pode

[9] Reencarnação é a volta do espírito à vida corporal, na Terra ou em outro mundo físico.

ser bom ou ruim, depende do que você faz.
– Nossa! Essa aula foi boa mesmo!
Laurinha baixa a cabeça e diz:
– Então...
– Então o quê?
– Então? E quando a gente não consegue ser assim TÃÃO bom?
– Daí talvez você não receba todas as bênçãos que Deus poderia *te* dar, se fosse melhor.
– Ah, tá! E se a gente tem uma discussão com um amigo e deseja algum mal a ele?
– O que tem?
– A gente vai pra um lugar feio quando morre? Acontece com a gente o que desejamos pro outro?
– Se for somente uma discussão boba, coisa passageira, não quer dizer que você vá para um lugar feio ou que vá acontecer algo de ruim. Ficam em lugares assim pessoas que pensam muito no mal, fazem coisas ruins, desejam o mal do outro... Entendeu?
Laurinha levantou a cabeça, com ar de quem ainda reflete sobre algo e responde:
– Entendi sim, mamãe, foi isso mesmo que pensei.
Pega suas coisas e vai em direção do quarto. Pensativa, reflete um pouco mais e resolve fazer uma oração:
"Deus, você viu que quem começou a discussão foi a Priscila. Aí eu fiquei com raiva e desejei que ela caísse da cadeira mesmo. Na hora que

ela caiu, o Senhor viu que eu dei uma risadinha. (Mais do que depressa tentou consertar.) Mas como ela não se machucou eu não preciso passar por isso também, né?"

Ia terminar a oração, quando pensou melhor e completou:

"Ah! Não sei se o Senhor se lembra, mas a semana passada eu escorreguei e caí na poça d'água... se a gente for pensar bem, eu até paguei antes da hora pelo meu pensamento ruim de hoje. Sendo assim, está 1x1. Posso considerar assim? Assim Seja."

E ainda pensou: "Ufa! Ainda bem que eu pensei rápido!"

Um brinquedo de Natal

Na escola, havia um cartaz que dizia: "Colabore com o Espírito Natalino e doe seus brinquedos." O cartaz trazia a imagem de uma criança e havia à frente uma grande caixa escrito: "Deposite aqui sua doação."

Na sala de aula, a professora incentivava os alunos a pensarem nas outras crianças e a fazerem suas doações.

– Colaborem com a Campanha do Natal. Doem os brinquedos, aqueles com que vocês não lembram de brincar mais, que ficam guardados.

– Quem vai receber esse monte de brinquedos?

– Uma criança que não tem como comprar

ou ganhar um brinquedo no Natal. Todos vocês ganham?

As crianças responderam em coro:

– Siiiiiiiiiiim!!!

– Então, existem crianças que não ganham nada. É claro que o presente não é o mais importante nessa data, mas já imaginaram como elas ficariam felizes, sabendo que foram lembradas por vocês? Muitas delas vivem com muito pouco, o ano todo. E ganhar um brinquedo é muito bom!!! Quando chegarem em casa, vejam o que vocês podem doar e façam isso pelo Espírito Natalino!

O burburinho das crianças começou; conversavam entre si sobre o que queriam e o que não queriam doar. O sinal bateu e todos foram para casa pensando, inclusive Laurinha.

Chegando em casa, Laurinha correu para seu quarto e começou a pegar todos os seus brinquedos. Quando sua mãe abriu a porta, levou um grande susto.

– Laurinha! O que é isso? Que bagunça é essa?

– Mãe, estou vendo qual brinquedo posso doar.

– Verdade, filha? Que bom! As crianças vão ficar felizes, você tem tanta coisa que não usa mais!

Laurinha, pensativa, enfileirava seus brinquedos e ficava a pensar.

– O que tanto você pensa, filha? Veja quanta coisa você pode doar! Nesse Natal você vai ganhar mais brinquedo!

– Eu sei, mas eu preciso de brinquedo que seja de menino e eu só tenho brinquedo de menina!

– Por quê? A campanha é só para meninos?

– Não! É pra um menino só.

– Não, filha. A campanha é para ajudar muitas crianças que não têm brinquedo, meninos e meninas!

– Não mãe, o cartaz foi bem claro "Colabore com o Espírito Natalino"! Coitado, é o único que não tem brinquedo ainda!

O E-MAIL DO MEU MENTOR

Laurinha estava fazendo pesquisas no computador para sua aula de educação espírita, do centro. Percebeu que existe uma infinidade de sites com muita informação sobre o que precisava. No entanto, começou a pensar em outras facilidades.

"A tecnologia está tão avançada agora. Bem que a gente podia ter mais facilidade para saber melhor das coisas. Mesmo com tanta informação, não conseguimos saber o que podemos fazer amanhã para melhorar o mundo."

Foi quando se dirigiu até a sala, refletindo:

– Pai, eu estava pensando... Seria tão legal se o plano espiritual[10] fosse informatizado, não é?

[10] Plano espiritual é o ambiente dos espíritos desencarnados, que não possuem mais o corpo físico (de carne).

O pai de Laurinha, que estava assistindo ao jornal, virou-se para a filha e disse:

— Como é? De onde você tirou essa ideia?

— Eu estava pesquisando umas coisas para minha aula na internet, mas seria bem mais legal perguntar tudo direto ao meu mentor.[11] Se ele tivesse e-mail seria bem mais fácil. Será que lá não tem tecnologia?

— Ai, minha filha, a tecnologia de lá deve ser bem mais avançada.

— Se é mais avançada, eles devem ter e-mail.

— Não, filha, não foi isso que eu quis dizer — e foi logo interrompido.

— Como será que eu faço para descobrir o e-mail do meu mentor? Porque eu acho bem mais fácil escrever para ele do que ficar esperando a intuição. Acho que meu mentor não gosta muito disso. Eu não consigo me conectar com ele!

— Laurinha — falou seu pai sério — o plano espiritual tem mais o que fazer do que ficar se preocupando em como vai falar com você. Uma coisa é certa: a intuição é uma forma muito mais complexa de comunicação do que qualquer comunicação aqui na Terra.

— Olha, pai, pode até ser, mas pra mim é bem mais fácil pelo computador. Acho melhor a gente fazer uma campanha nos centros espíritas assim: "Comunique-se com seu mentor através do computador. Mande seu e-mail pra

---

[11] Mentor é um protetor espiritual.

ele!" Já que eles estão sempre ligados a nós, a resposta é instantânea. Eu gostei da ideia!

– Filha, as coisas não são assim.

Laurinha começou a resmungar e fazer planos para a campanha. Então seu pai resolveu inquirir:

– Por acaso, você já perguntou para os mentores se eles querem ter um e-mail?

– Não!

– Então, filha, quando somente uma parte quer, as coisas não acontecem, para dar certo os dois têm que querer.

– Tá bom!

Inconformada, a menina foi para o quarto, olhou para o computador e mentalizou o diálogo:

"Meu mentor, já que você está sempre perto de mim e está me ouvindo, que tal nos comunicarmos pelo e-mail? Bem, na verdade, já que tudo aí é mais sofisticado, bem que você poderia fazer um site 'MENTOR DA LAURINHA', com uma senha só minha, podia também fazer um MSN. Assim a gente pode bater um papo nas suas horas vagas e, já que você é O MEU mentor e é chique, bem que podia fazer um Orkut, colocar umas fotos da sua casa, pra eu saber melhor como é tudo isso aí. Fala aí que você não gostou da ideia?"

Tem gente que lê pensamento

Laurinha está conversando com Vivi, quando Leonardo chega:
– Oi, meninas!
– Oi! – respondem.
– Por que vocês não vieram ontem para a aula no centro?
– Porque fomos ajudar no bazar – respondeu Vivi.
– Nossa! Vocês perderam a aula de ontem que foi muito legal.
– Sério? Foi sobre o quê? – Laurinha perguntou.
– A professora explicou que os espíritos se comunicam por telepatia.

– Que legal. Deve ser bem diferente, não é? – Vivi indagou.

– É, porque eles leem a mente um do outro. Então, basta pensar que já estão se comunicando – explicou Leonardo, orgulhoso de saber mais sobre o assunto da aula.

Laurinha olhou os amigos desconfiada.

– Já pensou que pode ser ruim?

– Ruim nada. É o método mais rápido de comunicação e pode ser feito à distância. A professora falou que existe encarnado[12] que consegue fazer isso, mas é muito raro.

– Como assim? Quer dizer que tem gente que lê meu pensamento? – Vivi pergunta curiosa.

– Deve ter. Deve ser muito legal poder ler a mente dos outros! Eu quero aprender como faz isso.

– Eu já estou até com medo de chegar no plano espiritual. Já pensou? A gente chega lá perdido, e se perguntando mil coisas, e todo mundo em volta já está sabendo o que eu estou pensando!!! – Laurinha expõe preocupada.

– Eu não tinha pensado nisso – diz Leonardo, pensativo.

Vivi, que agora pensava no assunto, resolveu falar:

– Acho bom você pensar porque, como não sabemos como é o outro plano, podemos pensar uma série de coisas.

– Pensando bem, acho que eu não ia querer ler a mente das pessoas não.

---

[12] Encarnado é o espírito que possui um corpo físico. Também chamado no espiritismo de alma.

Leonardo se justificou e Laurinha aproveitou:
– Engraçado! Você mudou de ideia tão rápido.
– Eu parei pra pensar quantos pensamentos eu tenho e achei melhor ninguém ficar sabendo.
– Que tipo de coisas?
Leonardo então começa a refletir:
– Já pensou se chegamos lá e vemos todo mundo com aqueles vestidos longos, tipo dos filmes? Eu vou pensar "Credo! É assim mesmo, que roupa feia!"
– E se o meu mentor for muito bonito, eu vou pensar "Nossa! É melhor que o Brad Pitt!" – Laurinha deu uma pausa e continuou.
Vivi e Leonardo riram e falaram juntos:
– E ele vai ler seu pensamento!
– Veja bem, é melhor ele ler isso do que "Meu Deus! Que mentor feinho o Senhor me arrumou." – completou Vivi.
– A gente também pode encontrar alguém e comentar: "O que será que fizeram com o cabelo dele?"
– Acho melhor a gente mudar de assunto, a professora está vindo. Vai que ela consegue ler a mente?
– Disfarça! – Laurinha falou um pouco mais alto. – É o que eu sempre digo: julgar as pessoas pela aparência não é bom!

Pagar o mal com obem

Laurinha foi ao centro espírita junto com seus pais para assistir à palestra do dia. Encontrou com seus amigos e logo se uniram para conversar.

Quando a palestra começou, cada um sentou ao lado de seus pais e fez a oração de abertura, logo depois o palestrante começou a falar:

– Hoje nossa palestra será sobre o capítulo doze de O evangelho segundo o espiritismo, cujo tema é "Amai os vossos inimigos – Pagar o mal com o bem".

A palestra estendeu-se por quase uma hora e todos prestavam atenção, em silêncio. Enquanto o palestrante citava algumas partes do Evangelho, as crianças refletiam sobre o que estava sendo dito.

Ouviam o palestrante:

— Amai, pois, os vossos inimigos, fazei o bem, e emprestai, sem nada esperar...

Laurinha começava a refletir e não compreendia muito bem as palavras: "pagar o mal com OBEM". O que seria OBEM?

Ao final da palestra, os amigos se reuniram para conversar e Laurinha falou para Guilherme:

— Não entendi direito essa palestra.

— Por quê?

— Sei lá. Não entendi o que é OBEM.

— Quer dizer que quando alguém fizer alguma coisa ruim para você, é melhor que você pague com o bem.

— Como assim?

— Sei lá. Deve ter um jeito de pagar.

— Ah! Já entendi.

Conversaram mais um pouquinho e depois foram embora com seus pais.

Em casa, Laurinha ficou pensando no que aprendeu e pensou:

— Acho que é melhor arranjar logo como pagar o mal... Tive uma ideia!

Laurinha correu para o quarto, pegou seus materiais de artes e começou a recortar, pintar e de repente...

— Pronto!!! Acho que fiz o suficiente para todos: papai, mamãe, eu, Guilherme, Pedro, Lívia...

Foi para sala e entregou uma porção de papéis desenhados para o pai e outra para a mãe. Seus pais se entreolharam e sua mãe questionou:

– Filha, o que é isso? Você fez um novo dinheirinho?

– Sim mamãe. Criei um dinheiro que se chama OBEM, porque aqui em casa a gente não tinha.

– E pra que serve, filha? – perguntou seu pai.

– Ora, papai, nós aprendemos hoje na palestra: "temos que pagar o mal com o bem", por isso está escrito em cada dinheiro... OBEM. Agora quando alguém nos fizer mal, podemos pagar com OBEM e não teremos mais dívidas.

Seu pai deu uma risada gostosa e falou:

– Mas e quem não tiver esse dinheirinho?

– Calma, papai, ainda vou ter que fazer mais... Você compra mais papel verdinho pra mim? O que eu tinha já acabou.

A PARÁBOLA DO PAPAGAIO

Em sua casa Laurinha está assistindo à televisão, quando sua mãe chega e repara que seus brinquedos estão todos espalhados pela casa.

– Laurinha, por favor, arrume primeiro seus brinquedos e depois assista à televisão. Você sabe que as coisas não devem ficar jogadas.

Laurinha saiu do sofá sem reclamar e começou a juntar os brinquedos. Colocou alguns no cesto de brinquedos, outros na prateleira, outros em cima da cama e começou a organizar.

A mãe de Laurinha reparou que ela estava demorando demais para uma tarefa tão fácil e resolveu observar. Em vez de pegar vários brinquedos de uma vez, Laurinha apanhava um de cada vez, usando uma das mãos, deixando outra para trás.

– Filha, o que aconteceu com a sua mão?

– Não aconteceu nada.

– Então por que você não pega os brinquedos com as duas mãos?

– É porque eu vi que na próxima aula o assunto vai ser sobre o capítulo treze do *Evangelho*,[13] daí quando a professora perguntar eu já vou ter um exemplo para falar.

– Mas isso que você está fazendo não tem nada a ver com a passagem do *Evangelho*.

– Tem sim! Estou fazendo tudo com a mão direita e a mão esquerda nem sonha com o que a outra está fazendo, lá não diz "que a mão esquerda não saiba o que faz a direita"?

– Não, filha. Este é um sentido figurado, uma parábola.

– O que é parábola?

– É uma história, com personagens, criada para transmitir uma mensagem indireta. A mão não quer dizer mão.

– Hã?

– Esta parábola ensina que não é para fazermos o bem e depois sairmos falando para todo mundo. Entendeu?

Laurinha se jogou no sofá e falou:

– E eu estou demorando um tempão pra arrumar os meus brinquedos porque eles escreveram

---

[13] Referência ao terceiro livro da codificação espírita, *O evangelho segundo o espiritismo*, de Allan Kardec.

"mão". Por que eles não colocaram um personagem que fala, assim eu não ia perder tanto tempo.

– Como assim, filha?

– Poderia ser assim "Que o papagaio da direita não saiba o que da esquerda falou" ia ser bem mais fácil de entender essa história. Os adultos complicam muito!

"Pitsografia"

Laurinha estava fazendo as tarefas da escola quando viu que não havia feito suas tarefas das aulas do centro espírita e tinha que entregá-las no dia seguinte.

Leu a introdução e começou a pensar em como faria aquela atividade.

– Mãe, hoje é dia de pedir pizza?

– Não, Laurinha. Amanhã é dia de pizza.

– Será que a gente não pode mudar nessa semana?

– Por quê?

– Porque tenho que fazer um trabalho para o centro e temos que pedir pizza pra dar certo.

— Está bem, vou pedir hoje, mas amanhã não vou pedir de novo.

— Tá bom — respondeu a filha.

Laurinha ficou esperando ansiosamente a pizza e ainda sem saber o que fazer foi para o quarto para pegar seu lápis e caderno.

Ao chegar a pizza, a mãe de Laurinha colocou-a sobre a mesa e abriu a embalagem. Quando ia cortá-la, Laurinha falou:

— Nããão!!

— Como não? — indagou o pai. — Precisamos cortar para comer, filha.

— Não, vamos ficar olhando e ver o que vai acontecer.

Chegou bem perto da pizza e ficou com o olhar atento.

— Filha, afinal o que você quer fazer com a pizza?

— Schiiii! Acho que tem que fazer silêncio, porque não está acontecendo nada — respondeu a menina.

— Filha, responde pro seu pai. O que você está fazendo?

— Pai, a professora do centro pediu pra fazer esse trabalho — disse entregando um papel —, mas eu não sei como faz. Acho que a pizza fala alguma coisa, mas vocês não me deixam escutar!

O pai pegou o papel e leu: "Fazer um trabalho sobre pictografia:[14] perguntar aos pais e pesquisar sobre esse tema."

---

[14] Psicopictografia, ou apenas pictografia, é a mediunidade onde o espírito utiliza um médium para se manifestar através de uma obra de arte (exemplo: pinturas ou desenhos). O espírito pode utilizar mãos, pés ou boca do médium para pintar ou desenhar.

O pai passou o papel para a esposa e deu um sorrisinho.

– Filha, como é o nome do trabalho?

– "Pitsografia", e a professora falou que tinha alguma coisa a ver com a comunicação e a arte, mas pelo visto essa pizza não tem arte nenhuma – disse desanimada.

– Filha – comentou a mãe – não é "pitsografia" é pictografia!

– Ah é? E qual a diferença?

– Pictografia é a forma de mediunidade que faz com que o espírito pinte através dos médiuns. Lembra dos quadros da casa da vovó?

– Lembro. Foram pintados por espíritos?

– Sim, através de um médium lá do centro espírita.

– Ah, agora entendi porque a professora falou de arte.

– Então agora já entendi.

– Agora podemos comer a pizza? – disse o pai.

– Ah, pai, a pizza já está fria! Que tal a gente fazer uma "esquentografia" com ela agora?

A FILA

Na sala de aula do centro espírita Laurinha pergunta :
— Professora, eu estava assistindo à televisão e um homem disse que "uma pessoa morreu antes da hora". É verdade que tem gente que volta antes para o plano espiritual?
— Sim, Laurinha, é verdade...
Mas antes que ela pudesse terminar a frase, os alunos freneticamente se entusiasmaram com o assunto.
— Mas como nós sabemos que é antes da hora? – diz Pedro.
— Pedro, somente Deus sabe a hora que devemos retornar ao plano espiritual – responde a professora.

E Laurinha impaciente enche a professora de perguntas:

– Então quem vai antes da hora? Como vamos saber se está na hora certa? Alguém vem nos avisar?

– Não, Laurinha, ninguém vem nos avisar, mas somos amparados pelos nossos amigos do plano espiritual.

– Não entendi, professora. A senhora poderia nos dar um exemplo? – comenta Lilian.

– Sim, Lilian. Alguém saberia me dar um exemplo de quem morre antes da hora?

Guilherme levanta a mão e logo fala:

– Aquele que se mata vai antes da hora.

– E daí, o que acontece com ele? – indaga Laurinha.

– Depende do caso. Para cada espírito é um caso diferente...

Guilherme, como sempre, esperto, diz:

– Já sei, já sei. Alguém para o espírito na porta e fala: "Não pode entrar porque ainda não é sua hora."

– Bem, Guilherme, não podemos afirmar que seja igual para todos. Mas muitos que retornam antes da hora ficam em lugares diferentes no plano espiritual, e esses anos todos que faltavam para completar a sua vida aqui na Terra de alguma forma pesam para ele.

– Então é como se ele tivesse que esperar num lugar passar os anos todos que faltavam ser vividos, até poder entrar na sua colônia espiritual de verdade? – fala Pedro.

– Sim, vamos dizer que essa pode ser uma boa ideia para vocês entenderem melhor.

Laurinha, com toda sua espontaneidade comenta:

– Credo! Imagina só. Se já é chato esperar cinco minutos na fila da cantina, imagina uma fila que tem que esperar até chegar sua hora... vai que sua hora é só daqui há cinquenta anos!!! Professora, pelo menos dá pra sentar numa cadeirinha?

A POSE DO BOM VELHINHO

As crianças saíam da aula apressadas. Queriam se divertir. A aula tinha sido muito produtiva e todos gostaram bastante, afinal não é todo dia que tinham oportunidade de falar sobre alguém tão querido, como Chico Xavier.

A professora havia falado sobre a história de vida do médium mineiro. As crianças viram fotos, assistiram a partes de uma entrevista e folhearam livros que ele psicografou.

Quando Laurinha chegou em casa, foi logo contando para sua mãe com empolgação.

– Mãe, hoje a aula foi sobre o Chico Xavier.

– Que legal, filha! Você gostou?

– Gostei sim, mas fiquei com dó dele.
– Por que ficou com dó?
– Porque a professora falou que quando ele era pequeno ele foi muito judiado, que sua madrinha era ruim.
– Sim, mas ele superou tudo isso.
– É verdade. E ele via espíritos, desde pequeno, até na igreja. Vamos também ver espíritos na igreja, mãe?
– Laurinha!!!
– Brincadeirinha, mãe, não queria ver não – disse, abaixando a cabeça.
De repente, emendou:
– Mãe...
– Fala, filha!
– Chico Xavier parece que sempre foi velho, né? Mesmo nas fotos que a professora mostrava, onde ele era mais novo, ele tinha cara de velhinho.
– Ai, Laurinha, você fala cada coisa!
– Mas era um velhinho diferente, uma pessoa diferente, né? Parecia tipo bem calmo e bonzinho.
– Sim, Chico era uma pessoa iluminada.
– Mas tinha alguma coisa que era mais diferente, não sei o que é, humm... – e Laurinha ficou pensativa. – Já sei!
– O quê?
– A diferença era a pose!
– Que pose? Chico era uma pessoa muito simples, não tinha pose.

– Tinha sim. Em todas as fotos ele sempre fazia a mesma pose. Colocava o cotovelo na mesa, abaixava a cabeça, segurava a testa com a mão, fechava o olho e... escrevia com a outra mão! Por isso que ele era diferente, ficou famoso com essa pose... – deu uma pausa, se remexeu na cadeira e falou: – Olha mãe, veja se eu não estou fazendo igualzinho!

Os seguidores

As crianças conversavam sobre as coisas que aprenderam na internet e viram na televisão.

– Eu já tenho vinte seguidores no Twitter – comentou Guilherme.

– Só? Eu tenho 96 – disse Carlos.

– O que é esse negócio de Twitter? – perguntou Ana.

– É um site que você escreve o que está fazendo e as pessoas vão te seguindo – respondeu Guilherme.

– Eu já tenho 74 seguidores – Laurinha falou.

– Nossa! Eu nem sabia que existia isso! – Ana exclamou.

– Ah, você tem que se atualizar Ana, agora quem não tem seguidores é excluído – Carlos comentou.

A professora, que passou na frente dos alunos, ouviu Carlos falar e chamou a todos para a aula.

– Muito bem, crianças, ouvi vocês falando sobre seguidores.

– É, professora, eu já tenho 74! – exclamou Laurinha.

– Eu não sei muito bem sobre esses seguidores de vocês, mas vocês sabiam que Jesus tinha muitos seguidores?

– Não – disse Guilherme. – Como assim?

– Jesus falava para muitas pessoas sobre seus ensinamentos e a multidão, que o apoiava, seguia Jesus por onde ele fosse.

– Não entendi, professora. Seguiam Jesus em qualquer lugar? – perguntou Ana.

– Sim, em todos os lugares por onde ele fosse pregando seus ensinamentos.

– Ainda bem que eu não fiz esse negócio de seguidores, já pensou um monte de gente atrás de mim, na escola, no centro, em casa... onde eu for?

– Professora, mas hoje as pessoas não seguem mais assim, é pela internet. Quantos seguidores Jesus tinha?

– Jesus tinha milhares de seguidores.

– Professora, o que ele fazia para conseguir tantos seguidores se nem existia internet?

– Ele dizia coisas que as pessoas se interessavam em ouvir, então sempre apareciam mais seguidores.

– Já sei! É só a gente escrever coisas interessantes que as pessoas vão seguir a gente no Twitter – comentou Carlos.

– É verdade! Vou escrever coisas interessantes – disse Guilherme.

– Eu vou escrever as coisas que Jesus falava, assim consigo também os seguidores dele – disse Laurinha.

– Essa pode ser uma boa ideia, Laurinha – comentou Ana.

– Já sei até como eu vou começar.

– Como? – perguntaram todos.

– Sigam-me!!! – falou Laurinha, engrossando a voz.

Os amigos riram e Carlos perguntou:

– E como você vai terminar?

– Assim seja.

Desastres naturais

As crianças tinham que fazer um trabalho para levar para a casa espírita, que representasse uma mensagem referente aos desastres naturais que estão acontecendo no mundo (terremotos, tsunamis, nevascas etc.).

Muitas crianças levaram cartazes, maquetes, encenaram peças teatrais e cantaram músicas.

Laurinha resolveu levar um bolo que pediu para fazer junto com sua avó.

– Laurinha, o que você trouxe?

– Eu trouxe esse bolo.

– Mas o que tem a ver o bolo com os desastres? – perguntou Guilherme.

– Tudo! Pra fazer o bolo usamos o liquidificador, que representa os tremores, os tsunamis, daí todas as coisas são colocadas junto e mudam de forma, igual ao terremoto que deixa tudo remexido. Depois a gente coloca mais ingredientes e faz as coisas e pessoas se unirem. Quando a gente coloca no forno é porque os ingredientes já estão juntos, tentando lutar pra construir algo novo.

– Muito bem, Laurinha, gostei do seu exemplo – falou a professora.

– Eu também – disse sua amiga Ana.

– Agora pra fazer de conta que todo mundo é bonzinho, a gente reparte o bolo com todos da sala e faz aquele negócio de "solidanidade".

– Como?

– Aquele negócio que falam na televisão, que eu não sei o que é, mas minha mãe disse que se eu repartisse o bolo e desse um pedaço pra cada um, era essa palavra aí.

Pedro, que ouvia tudo, disse:

– Solidariedade!

– Isso mesmo! – gritou Laurinha. – Foi o que eu tentei falar.

– Ah! Realmente, isso é solidariedade, dividir o que temos com quem não tem – disse a professora.

– Tudo bem que a solidariedade acaba quando as pessoas começam a brigar pelo primeiro pedaço, não é professora? – disse Ana.

– Sim, brigar não é solidário.

– Mas o bolo é um exemplo bom pra falar de desastres naturais, professora? – perguntou Laurinha.

– Sim, é um ótimo exemplo.

Quando todos já estavam comendo o bolo, Laurinha disse:

– Só não vai ser bom comer o bolo se ele estiver quente. Porque dali a algumas horas começa a dor de barriga! Daí começa outro desastre natural.

Vulto? O quê?

Laurinha e Ana conversavam antes da aula de educação espírita.
– Eu vi um vulto ontem – disse Ana.
– Ai credo, que medo! – comentou Laurinha. – Como ele era?
– Como assim? – indagou Ana.
– Era homem ou mulher?
– Sei lá.
– Era escuro ou claro?
– Não sei.
– Se for claro é bom, se for escuro não é bom... Eu ouvi isso uma vez.
– Eu não sei se era claro ou escuro, homem

ou mulher, eu falei que eu vi um vulto.

– Então, mas fala como era.

– Vulto é vulto! Tipo assim, não tem forma.

– Vulto não é um espírito?

– É, mas quando vemos bem rápido e nem dá pra ver direito é que chamamos de vulto.

– Então você não viu nada.

– Vi sim!

– Se você não sabe como era, é porque não viu.

– Se eu tivesse visto o espírito, teria visto um espírito e não um vulto. Vulto é vulto.

– Se vulto não é espírito, eu não entendo.

– Não sei explicar, tô ficando confusa.

– Já sei. Se você viu um vulto que não é bem um espírito e que é bem rápido, então você viu só um borrão.

– Tipo assim: mais ou menos um borrão, mais ou menos um espírito, mais ou menos rápido, nem homem nem mulher, nem escuro nem claro. Entende?

– Aaah!! Agora eu entendi... Acho que eu também vi, outro dia – exclamou Laurinha.

– Verdade?

– É, no banheiro!

– Tem espírito no banheiro? – perguntou Ana, preocupada.

– Espírito? Nããão! Vulto! – tranquilizou Laurinha.

– Ufa! Ainda bem!

BLOG DA LAURINHA

www.blogdalaurinha.com.br

CONTATO COM A AUTORA

Tatiana Benites
tatiana@correiofraterno.com.br

twitter.com/tatibenites
facebook.com/tatibenites

Esta edição foi impressa nas gráficas da Prol Editora Gráfica – Unidade Imigrantes, de Diadema, SP, sendo tiradas duas mil e quinhentas cópias, todas em formato fechado 140x210mm e com mancha de 80x153mm. Os papéis utilizados foram o ofsete Chambril Book N (International Paper) 90g/m² para o miolo e o cartão Supremo Duo Design (Suzano) 300g/m² para a capa. O texto principal foi composto em Goudy Old Style 12/14,9, o glossário lateral em Myriad Pro 9/11,5 e os títulos em Helvetica Neue 27/41. Eliana Ferrer Haddad realizou a revisão e Bruno Tonel desenvolveu o projeto gráfico do miolo. A capa e as ilustrações são de Hamilton Dertonio.

MARÇO DE 2016